L'AMNISTIE

ET

LES CONTUMACES,

PAR M. DONNDORF.

Paris,

CHEZ TETOT FRÈRES, PASSAGE DES PANORAMAS, 43

ET CHEZ LES PRINCIPAUX LIBRAIRES.

—

1837.

PRÉFACE.

L'auteur de cet écrit préparait un ouvrage plus étendu. Il voulait écrire l'histoire de la plus importante mesure de ces derniers temps, l'histoire de l'amnistie proclamée, en mai 1837, par le gouvernement français. Il voulait examiner à fond l'origine, la portée, l'effet de cette mesure, en étudiant tour à tour les principes, les leçons de l'histoire et les circonstances actuelles. Étendant la vue sur les pays limitrophes, sur les contrées plus éloignées, il voulait énumérer, comparer les amnisties accordées à l'étranger, rechercher à quelles autres décisions pareilles on devait s'attendre, examiner enfin l'opportunité d'une grande Amnistie Européenne.

Les matériaux de cet ouvrage n'étaient rassemblés qu'en partie, et les conclusions ne pouvaient être arrêtées toutes, lorsqu'une nouvelle importante est venue interrompre les travaux de l'auteur, et l'a déterminé à offrir au public ces pages rapides.

D'après des renseignemens qui, sans pénétrer

dans la presse quotidienne, s'accréditaient dans un monde bien informé d'ordinaire, le gouvernement s'occupait de la question de savoir s'il devait étendre encore et compléter l'amnistie du 8 mai. Au conseil du roi, dans une délibération tenue il y a peu de jours, Sa Majesté et le président du conseil des ministres auraient proposé comme une mesure déjà opportune, de faire jouir du bienfait de l'amnistie les contumaces et autres, qui jusqu'ici en étaient exceptés; de les amnistier tous, au nombre d'environ cinquante, ou du moins à fort peu d'exceptions près. D'après une autre version, la pensée du roi et du comte Molé, ne serait pas restée sans appui; toutefois, la plupart des ministres n'auraient pas cru devoir y adhérer; et, à la fin du conseil, il demeurait incertain si, aux prochaines journées de juillet, on proclamerait l'amnistie plus complète, ou bien si on y renoncerait.

Mettant de côté, aussitôt, l'ébauche de son travail plus étendu, les matériaux qui devaient conduire à une étude plus approfondie, l'auteur de cet écrit a consulté ses intentions plus que son amour propre, et s'est occupé de la question du moment. Quelque incomplètes que fussent ses recherches, et malgré le peu de temps qui restait pour établir des conclusions nettes, il a cru devoir profiter de ses recherches pour offrir son faible appui, mais son appui réfléchi et consciencieux, à une généreuse pensée qui, pour se réaliser, doit encore être soutenue.

Ce n'est pas une œuvre de parti ; ce n'est pas un cri séditieux qui oserait prescrire , recommander avec une chaleur peu convenable, une mesure qui ne doit pas être imposée, une décision qui ne peut émaner que du trône. Ce n'est pas un conseil offert au pouvoir, avec l'arrière-pensée d'influer sur le public. C'est une opinion personnelle, conçue par un homme de conscience , et énoncée avec calme ; c'est une opinion modeste qui, sans inconvénient, pourrait être adressée aux ministres, si l'auteur, dans sa position, ne devait se borner à parler au public.

C'est un écrit fait à la hâte, en cinq jours, sans prétention d'avoir poli sa forme, ni d'avoir épuisé le fond de la question.

Mais l'auteur serait satisfait si chacun , après la lecture, s'écriait : Ce ne sont pas les idées de l'auteur, ce sont les miennes.

Et il serait plus satisfait encore , si, le résultat répondant à son espoir, il pouvait se flatter d'avoir contribué, autant qu'il est en lui, à rendre une patrie et le bonheur à des infortunés.

Paris, 19 juillet 1837.

PRINCIPES DE L'AMNISTIE.

Une amnistie est proclamée! Les prisons s'ouvrent! Des familles éplorées, sans espérance, revoient soudain un fils, un frère, un époux. A ce touchant spectacle, le public fait éclater sa joie, ses applaudissemens, et, s'adressant á ceux qui recouvrent la liberté : « Le pouvoir, s'écrie-t-il , a manisfesté sa clémence ; vous, témoignez-lui votre reconnaissanee, votre repentir. »

Une amnistie est proclamée, les prisons s'ouvrent : des hommes condamnés par la justice, nombreux, encore passionnés peut-être, rentrent prématurément dans la société. A ce spectacle, tel homme d'état s'étonne, s'effraye. Il développe ses principes; il montre les enseignemens historiques; il avertit le pouvoir. «Quel danger! s'écrie-t-il, quel exemple! Vous oubliez les leçons du passé; craignez les conséquences; soyez responsables de l'avenir que vous préparez! »

Le publiciste, enfin, tel que je le conçois; le publiciste sympathisant aux sentimens du peuple,

lorsque sa raison le lui permet ; et combattant au besoin les opinions des masses, lorsque le vrai intérêt
général le lui ordonne ; le publiciste appréciant la
fermeté de l'homme d'état, autant que les vœux gé-
néreux du peuple, écoutera les témoignages de
joie qui retentissent d'un côté, et s'arrêtera aux
scrupules qui viennent d'autre part. Impartial, s'il
est honnête ; impassible, s'il comprend sa mission,
le publiciste ne saurait oublier que, lui aussi, porte
une responsabilité. Il étudiera les principes ; il lira
l'histoire ; il examinera les circonstances, et il se
réjouira si, après un mûr examen, il peut partager
la joie du public ; si, rendant justice aux scrupu-
leux adversaires d'une mesure qui a provoqué la
joie, il peut féliciter, encourager ceux qui l'ont
provoquée.

S'agit-il d'amnisties, des principes ou des faits
qui semblent autoriser ces mesures ou s'y opposer,
ce sera une recherche nouvelle, mais d'autant plus
nécessaire ; une épineuse recherche, mais digne
de l'attention publique. Les hommes d'état, en
effet, et les philosophes, les historiens et les orateurs, en discutant sur les amnisties, en général,
en mentionnant telle amnistie particulière, se sont
bornés plus ou moins à établir des thèses, à racon-
ter des faits décousus ; ne traitant un si grave objet qu'en passant, ou jugeant les principes et l'histoire d'après les intérêts momentanés, d'après leurs
buts personnels, ils sont parvenus souvent, à force
d'érudition et d'éloquence, à embrouiller la ques-

tion plutôt que de l'éclaircir. Les jurisconsultes et les encyclopédistes, obligés d'écrire sur une matière peu étudiée, ont compilé à droite et à gauche des faits, des explications, en laissant au lecteur le soin d'y mettre de l'ordre. Les publicistes le plus renommés, Montesquieu, Beccaria, Bentham, vingt autres, ont traité avec étendue, avec profondeur, une question diamétralement opposée à celle de l'amnistie, en s'abstenant presque, ou presque en évitant de toucher cette dernière. Tout le problème est encore à résoudre. Faisant table rase des jugemens antérieurs, et s'appuyant sur des principes pour juger les faits, sur des faits pour examiner les doctrines, on peut de rechef poser ces questions : L'amnistie repose-t-elle sur les principes d'une politique bien entendue ? L'amnistie est-elle approuvée par les leçons de l'histoire ?

Ouvrez les immenses encyclopédies du dernier siècle, ou celles qui en ont copié et refait le contenu ; lisez les explications, les classifications sur l'amnistie : vous serez surpris combien, pour expliquer une idée si simple, on a pu entasser de notions embrouillées, de paroles hasardées. « L'amnistie, disent les livres, est un pardon *général* ; » il ne l'est pas toujours ; en fait d'amnisties, c'est à force d'exceptions, très souvent, qu'on a prouvé la règle. « C'est un pardon général qu'un *prince* », est-ce toujours le prince ? « *accorde* à ses sujets. » Mais ne peut-elle lui être imposée ? « C'est un pardon par lequel il déclare oublier *tout* le passé, et le tient pour *non avenu.* » Voilà deux propositions encore combattues par la moitié de l'histoire. « C'est un pardon de toutes les *offenses* passées ; » mais, à côté d'offenses contre la personne du souverain, il peut s'agir de délits, de crimes contre la sûreté de l'état. En classifiant les diverses amnisties, l'un vous dit qu'elle se proclame d'ordinaire après un soulèvement général ; l'autre s'attache plutôt aux guerres civiles, dans lesquelles un gouvernement se trouve d'un côté, et les révoltés de l'autre. On vous apprend que des amnisties s'accordent à telles occasions, au moment d'une fête, d'une victoire ; on insiste encore sur les amnisties pour les déserteurs, les délits forestiers et autres. C'est sur cette base compliquée qu'on a ensuite établi des jugemens. Disons plutôt, pour partir d'une base simple et solide, que l'amnistie, d'après le sens du mot et de la mesure, s'annonce comme un oubli du passé. Qu'elle soit complète ou incomplète, conditionnelle ou absolue, volontaire ou imposée ; qu'elle soit proclamée par un prince, par un état, par un souverain sans ou avec le concours d'autres pouvoirs ; et quel que soit le moment choisi pour l'amnistie, elle annonce, plus ou moins, un oubli du passé. En l'annonçant, quelle est la faveur, au fond, qu'elle accorde aux amnistiés ?

« Cette faveur, » répond l'un, « c'est que l'état défend de faire *mention* des délits passés ; c'est qu'il promet n'en faire *aucune recherche* ; c'est, répète-t-on, qu'on tient les délits pour *non avenus.* » Mais

si tout cela était toujours exact , ce ne seraient ni
toutes les qualités, ni la qualité essentielle de l'ain-
nistie. « Par l'amnistie, » répond l'autre, « le
prince se *réconcilie* avec son peuple, et *pacifie* l'é-
tat. » Tel peut être, en effet, le but ou le résultat de la mesure. Le caractère essentiel de l'amnistie, le caractère qui se retrouve partout, toujours, c'est que l'amnistie *remet une peine*, peu importe si c'était une peine appliquée ou qui devait
l'être; elle accorde la grace d'une peine, *pœnæ
gratiam facit*. En demandant si on doit amnistier,
on demande, en d'autres termes, si des peines doivent être remises. En posant la question ainsi , on
approche du terrain où, tant de fois, elle a été dis-
cutée, par les uns avec profondeur, par d'autres
avec acharnement, mais rarement sous un point de
vue assez général.

En fait , le cœur de l'homme est accessible au
pardon. La religion commande le pardon, elle a
des indulgences pour tout homme, quelque criminel qu'il soit. Et l'antique philosophie, déjà,
en disant que l'état, pour être bon, doit avoir
la plus grande ressemblance avec l'homme , se
montre favorable au pardon en matière d'état. En
fait aussi, l'intelligence de l'homme, son raisonne-
ment, se déclare pour l'application de peines. Les
religions , même les plus généreuses , menacent
l'homme de peines terribles. Malgré l'indulgence
qu'elles professent pour l'homme , souvent elles
sont inexorables pour le crime. La philosophie,

produit de l'intelligence plus que des sentimens, ne saurait rester en arrière de cette sévérité.

En fait, l'expérience a inculqué aux hommes la volonté de suivre, dans l'application ou dans la rémission des peines, l'impulsion de l'intelligence plutôt que des sentimens; et, lorsqu'une civilisation plus avancée a permis des peines plus douces, on a insisté que ces peines fussent, du moins, rigoureusement appliquées. Dans les temps modernes, si la plume d'un écrivain profond, si une puissante logique ont contribué à l'adoucissement des peines, ce mérite, certes, appartient à Cesare Beccaria, à son ouvrage *Dei delitti et delle pene*, qui parvint à faire abolir, dans plusieurs états, la peine de la torture. En se déclarant contre la rigueur du supplice, il insiste avec la même énergie, sur la certitude des châtimens. En recommandant des peines modérées, il veut qu'elles soient inévitables; si les peines modérées lui paraissent suffire, c'est parce que ces peines, devenues inévitables, feront une plus forte impression que la crainte d'un supplice plus sévère, auprès duquel se présenterait l'espoir de l'impunité. S'élevant à de graves considérations sur la rémission des peines, sur la grace, sur la clémence :

« Quelquefois, » s'écrie Beccaria, « on s'abstient de punir un délit peu important, lorsque l'offensé le pardonne. C'est un acte de bienfaisance, mais un acte contraire au bien public...

» Le droit de faire grace est sans doute la plus

belle prérogative du trône ; c'est le plus précieux attribut du pouvoir souverain ; mais , en même temps, c'est une improbation tacite des lois existantes...

» Si la clémence est la vertu du législateur et non de l'exécuteur des lois, si elle doit éclater dans le Code et non dans les jugemens particuliers ; si on laisse voir aux hommes que le crime peut se pardonner, et que le châtiment n'en est pas toujours la suite nécessaire , on nourrit en eux l'espérance de l'impunité...

» Quand le souverain accordera la grace d'un criminel, ne pourra-t-on pas dire qu'il sacrifie la sûreté publique à celle d'un particulier...

» Que les lois soient donc inexorables ; que les exécuteurs des lois soient inflexibles ; mais que le législateur soit indulgent et humain. » (1)

Lorsqu'enfin, après avoir écouté les sentimens de l'homme et sa raison, l'expérience et ceux qui l'appuient de leurs rigoureuses leçons ; lorsqu'on s'adresse à ceux qui font les lois, aucun ne remettra en doute le droit d'imposer des peines, mais plus d'un , quand il s'agit de rémission de peines, n'y verra que des inconvéniens. La législation s'occupe des peines ; elle s'occupe aussi de récompenses ; mais quant au pardon, à la rémission des peines , c'est pour le législateur une affaire exceptionnelle.

(1) Beccaria, des Délits et des Peines, (ouvrage écrit en 1764). Traduction publiée à Paris.

En droit, pour examiner si des peines peuvent être remises, il faut s'accorder d'abord, si c'est possible, sur le but et le résultat des peines. Il faut poser cette question si simple, si controversée : Pourquoi des peines ? En les établissant, de quelle idée doit-on partir, à quel point doit-on viser ?

L'un vous répondra que toute peine ne se propose, ne doit se proposer qu'un but tout moral, un but de concorde et d'amour. Elle doit corriger l'homme ; elle doit l'améliorer.

Les peines, répondra-t-on aussi, sont nécessitées par l'ordre social. « Pourquoi la loi pénale ? pourquoi vouloir que justice se fasse ? Pour conserver et protéger l'ordre social. C'est là le but et le principe de la légitimité de la justice humaine. » (1)

Viennent ensuite les théories qui se combattent. Les peines sont *préventives :* on doit moins songer à punir la faute commise, qu'à empêcher celles qui pourraient être commises encore ; on ne changera pas ce qui est fait ; peut-être empêchera-t-on la répétition. Et cette prévention peut offrir un double succès : elle peut influer sur le délinquant individuel et sur tous les membres de la communauté (2). Les peines sont *répressives*, dit l'autre : la loi positive, inapplicable aux délits d'un genre tout nou-

(1) Rossi, Traité du Droit pénal ; tome 3, pag. 72.

(2) Bentham, Théorie des peines et des récompenses. Traduction publiée à Paris.

veau, inattendu, réprime le moindre délit mentionné dans le Code. Ou bien, les peines sont à la fois *préventives et répressives;* c'est un glaive à deux tranchans; c'est la tête de Janus, fixant le regard sur le présent et l'avenir (1).

Rendant justice à chaque théorie, malgré la chaleur avec laquelle l'une se défend contre l'autre, on peut dire que les peines, dictées par tous ces motifs, doivent viser à tous ces résultats ensemble. Oui, la peine s'efforce de prévenir le crime, en intimidant l'homme autant qu'elle peut, par la menace d'un châtiment certain; et la peine de fait, est une répression aussi, une expiation qui sert d'exemple. Le législateur, en faisant la loi pénale, veut prévenir ce que le juge, au besoin, réprimera la loi à la main. Ceux qui établissent les théories des lois pénales, ceux qui rédigent les lois positives, et ceux qui les appliquent, recherchent un but d'utilité publique, un but d'amélioration, en agissant chacun dans sa sphère, et l'homme d'état dirige l'ensemble.

Voilà, du moins, ce qui devrait être. Assurément, si la loi pénale était toujours basée sur des motifs aussi purs; si, favorisée par les circonstances, elle atteignait toujours ce but moral; dans ce cas, il y aurait témérité dans toute rémission de peines; une amnistie serait coupable; elle pourrait

____

(1) Moehl, Ueber den Zweck der Strafe. Heidelberg et Leipsick, 1837.

risquer de compromettre, sans la moindre nécessité, le but tout moral que la loi se proposerait et qu'elle atteindrait.

Pour atteindre ce but, les facultés humaines se sont essayées sans relâche, heureusement sans s'épuiser. On a compris que, selon les temps et les lieux, les peines devaient différer; on a étudié l'homme et les circonstances. A telle époque, on devait intimider par la menace de châtimens terribles, s'étendant même au-delà de l'existence du coupable, et jusqu'à ses derniers descendans. A telle autre époque, on pouvait introduire, comme un adoucissement, la maxime que la peine n'est pas héréditaire. A telle époque enfin, en s'adressant à l'honneur de l'homme, on obtient plus que par la peine rigoureuse. On a compris de plus en plus qu'au milieu des changemens d'hommes, d'époques, de gouvernemens, ce n'est point le but de la peine qui doit changer, mais la loi pénale qui recherche ce but.

Toutefois, les lois, les peines sont l'œuvre de l'homme. Faite pour prévenir les délits, la peine peut avoir le résultat d'en augmenter le nombre et l'intensité; faite pour réprimer, la peine peut irriter et celui qu'elle frappe et d'autres sur lesquels on veut influer par l'exemple; faite pour protéger l'ordre social, la peine, alors, peut menacer cet ordre. Dans ce cas, non seulement un changement de la loi pénale pour l'avenir, mais une rémission des peines, une amnistie enfin peut devenir né-

cessaire, indispensable, commandée autant que
les peines, même par l'intérêt de l'ordre social.
On a beau dire que ce sera une concession, une
amnistie forcée, imposée; qu'elle sera aussi dangereuse, plus dangereuse peut-être que ne l'était
la peine sévère, inopportune, qu'on s'est vu réduit
à changer. Dangereuse! Sans doute, mais ce sera
un dernier moyen contre un état de choses qui
n'offre plus de ressources. Une telle amnistie, on
devra toujours la déplorer, mais il est des circonstances où elle paraîtra nécessaire.

D'autre part, une peine bien calculée pour telle
époque, peut devenir absolument inutile à une
époque suivante ; elle peut même devenir nuisible,
en empêchant l'utile activité de ceux qui en sont
frappés, et en grevant l'état de frais qu'il pourrait
épargner, ou en maintenant l'apparence d'un dangereux état de choses qui, en réalité, aurait cessé
déjà. Dans ce cas, une rémission de la peine, une amnistie spontanément accordée, pourra atteindre le
but de la peine et en éviter les inconvéniens : elle
pourra exercer, non seulement sur la société en général, mais sur ceux mêmes que la peine avait frappés, une influence que la peine n'aurait peut-être
pas complétement atteinte. Ce sera une mesure généreuse, dont le principe et l'effet ne seront plus à
déplorer.

Ainsi, la rémission des peines, l'amnistie, est-
elle, au fond, bonne ou mauvaise? On ne saurait y -
répondre d'une manière absolue. Approuvée par le

sentiment, souvent combattue par l'intelligence et l'expérience, elle pourra être, selon les circonstances, approuvée ou rejetée, mise en pratique ou non. Arme dangereuse, on évitera de s'en servir ; remède plus efficace que la peine, on s'en servira. Condamner toute amnistie, serait aussi peu utile, aussi téméraire que d'approuver toute amnistie. En un mot, les principes ne s'opposent pas à une amnistie ; et il reste à voir seulement comment ces principes, ces raisonnemens, sont appuyés ou infirmés par les faits, par l'histoire.

LEÇONS DE L'HISTOIRE.

L'amnistie , avons-nous dit , n'est pas toujours un pardon accordé à des sujets par un prince; elle peut être aussi un pardon accordé par le peuple à des citoyens, ou à ceux qui ont régné. Telle était la première amnistie remarquable , dont l'histoire hellénique fait mention ; telle était l'amnistie qui a légué son nom , sa dénomination hellénique , aux mesures plus ou moins analogues de l'antiquité et des temps modernes.

« Le peuple d'Athènes, sous le joug des trente tyrans , se voit réduit à quitter ses demeures , à subir une existence misérable dans la fuite. Thrasybule lui donne des armes, lui inspire du courage, et le ramène dans sa patrie. Mais, après avoir vaincu pour la liberté, il rehausse encore sa gloire par la modération. Sur sa demande, le peuple décrète qu'on ne fera pas mention des choses passées. Cet oubli , cette *amnistie* , remet dans son état normal un pays ébranlé, menacé d'une ruine complète. (1) »

Non seulement les partisans des trente furent ad-

(1) Valer. Max., lib. IV, c. 1.

mis à l'amnistie, mais on l'accorda, sous condition, aux trente eux-mêmes; d'autre part, on com-
mença par excepter de l'amnistie tous ceux qui
avaient pris la fuite.

« Quels sont vos sermens? Quel est, d'abord,
le serment commun à toute la ville, celui que vous
avez tous prêté après les conventions? Le voici : —
Je ne garderai rancune à aucun citoyen, si ce n'est
aux trente et aux onze; ni à ceux parmi ces derniers qui voudront rendre compte de leur gouvernement.

« Et quel est le serment du sénat ? — Je ne re
cevrai ni preuve, ni accusation à l'égard des choses
passées, si ce n'est à l'égard des fugitifs. »

Mais bientôt l'intérêt de l'état fit abolir les exceptions; les droits civils furent rendus aux fugitifs
mêmes, et cet exemple ayant eu du succès, plus
tard on n'hésita point à l'imiter.

« Vos pères, lorsque de grands malheurs affli-
geaient l'état, car les tyrans occupaient la ville et
le peuple s'était enfui; vos pères, après avoir, sur
le champ de bataille, vaincu les tyrans, et de retour dans la patrie, commencèrent par livrer les
uns au supplice, par condamner d'autres à l'exil ;
d'autres enfin, restant dans la ville, furent privés
des droits civils. Mais plus tard, à l'arrivée des
Perses, quand l'expédition du roi les menaçait
d'une défaite, vos pères résolurent d'accueillir ceux
qui s'étaient enfuis, d'accorder les droits civils à
ceux qui en étaient privés, et de rendre commun

le salut comme le danger. Et, marchant au com-
bat, ils remportèrent la victoire. »

« Et vous, plus tard, quand de pareils malheurs vous menaçaient; vous, dignes fils de pères glorieux, vous avez saisi l'héritage de leurs
vertus, vous avez décidé d'accueillir ceux qui s'é-
taient éloignés, et de rendre à tous les droits civils (1). »

Dans l'empire romain, c'est le souverain qui
s'investit du droit des amnisties, des abolitions :
il en use après la victoire, à l'occasion de fêtes,
selon les besoins du moment, et il évite, avant
tout, de donner à ces mesures une apparence de
concession, de faiblesse. Sévère dans l'application
des principes, au moment même de l'indulgence
il est loin de regarder comme non avenu le délit
qu'il pardonne. Non, cette grace laisse sur le coupable la marque du crime ; son crime n'a pas cessé, ni la honte qui s'y attache ; on ne lui a remis
que la peine : *Indulgentia quos liberat notat : nec in-
famiam criminis tollit, sed pœnæ gratiam facit.* Telle
était la règle générale, tel était le principe ; et ce-
pendant rien de plus facile, de plus malléable que
la politique romaine, lorsqu'après des délits,
après des conspirations, l'intérêt de l'état ou la générosité impériale faisait accorder des graces.

Auguste possédait le secret de fonder un empire,

(1) Endocides, dans la Collection d'orateurs grecs, publiée
par Henri Etienne. Discours sur les mystères, pages 12
et 14.

de lui donner cette forte trempe qui résiste à des siècles. Si les circonstances le favorisaient, son coup-d'œil pénétrait aussi les difficultés des circonstances, et lui montrait les cas où la rigueur était conseillée par la politique, les cas où la clémence équivalait à l'énergie. Après une longue lutte civile, le grand nombre voulait presqu'à tout prix la tranquillité ; mais les adversaires d'un nouveau régime n'avaient pas tous succombé dans la lutte, les adversaires passionnés n'avaient pas tous quitté Rome , et des conspirations éclatèrent. La foule cherchait du pain, courait aux jeux ; mais la verve guerrière n'avait pas disparu, et les institutions républicaines comptaient des partisans. Un grand nombre parmi la noblesse préférait, comme dit Tacite, les honneurs du présent aux périlleuses chances du passé ; mais la noblesse aussi opposait des adversaires au souverain. Auguste, offrant au peuple des jeux et du pain, à la ville des embellissemens, au pays des canaux, le luxe des beaux-arts, le profit et l'éclat de voyages impériaux ; Auguste, offrant à la verve guerrière des expéditions, en Arabie, en Ethiopie, mais plus empressé de bien répartir, sur les frontières comme à l'intérieur, une armée de quatre ou cinq cent mille hommes, et n'oubliant pas trop, en veillant à la sûreté du pays, de veiller aussi à sa sûreté personnelle ; Auguste, comme on sait, employant tour à tour la rigueur entière de la loi, ou la grace quand l'intérêt de l'état la semblait admettre , finit par n'écouter que l'impulsion de sa générosité en proclamant la grace de Cinna. Et l'histoire dit que cette grace, plus que toutes les rigueurs, contribua à diminuer les mécontentemens, à fortifier la cause du souverain.

L'histoire d'Allemagne présente une foule d'amnisties, faisant partie des transactions ou traités de paix. Quand la guerre civile cesse, les proscrits peuvent rentrer dans le pays, en déposant les armes, en se déclarant avant l'échéance de tel terme indiqué, et en se présentant dans le délai prescrit. D'après telle transaction, les réfugiés peuvent rentrer dans le pays, ou demeurer où bon leur semble. Les transactions indiquent ce qui doit arriver lorsque le fisc a fait vendre des biens confisqués, ou lorsque les ventes ont été faites par justice, pour dettes (1).

(1) Transaction conclue et ratifiée à Passau, le 2 août 1552, sous l'autorité de Charles-Quint, empereur, entre Ferdinand, son frère, roi des Romains, et quelques états d'Allemagne, dite *la Paix publique*. (Dans le *Corps universel diplomatique* de Dumont. Amsterdam, 1726, t. 4.) Traité de paix fait à Munster le 30 janvier 1648 (6ᵉ t. de Dumont). Le 57ᵉ article est conçu en ces termes:

« Ceux qui, durant la guerre, se sont retirés en pays neutre, jouiront aussi du fruict de ce traité, et pourront demeurer où bon leur semblera, voire mesme retourner en leurs anciens domiciles, pour y habiter en toute seureté, en observant les lois du pays, sans qu'à l'occasion de leur demeure, qu'ils feront en quelque lieu que ce soit, leurs biens puissent être saisis, ni eux privés de la jouissance d'iceux. »

Comme exemple d'une amnistie illusoire, on peut citer l'édit publié par Charles IX en 1570, deux ans avant la Saint-Barthélemi. C'est un traité de paix dicté par un prince qui tient encore le glaive à la main, et qui menace encore ses adversaires de la dernière rigueur, tout en leur offrant, dans un langage plein de candeur, une amnistie fort large qui, bientôt, sera reconnue illusoire. «Considérant les grands maux et calamités avenus par les troubles et guerres, desquelles notre royaume a été longuement et est encore de présent affligé... Nous, pour à iceux mettre fin, remédier aux afflictions qui en procedent, remettre et faire vivre nos sujets en paix, union, repos et concorde ,comme toujours a été notre intention. . . .

» Voulons qu'incontinent après la publication de cedit édit, faite ès deux camps, les armes soient partout généralement posées ;

« Ce que dès lors de ladite publication, nous déclarons sujet à punition et à réparation : savoir est contre ceux qui useront d'armes, forces et violence, en contravention et infraction de cettuy notre présent édit, de peine de mort, sans espoir de grace ni remission ;

» Pour ôter toutes plaintes à l'avenir, déclarons ceux de ladite religion capables de tenir et exercer tous états, dignités et charges publiques, seigneuriales et des villes de ce royaume ;

» Déclarons tous autres édits être de nul effet et valeur. Auxquels et aux dérogatoires y contenus, avons, par iceluy notre édit, dérogé et dérogeons, et dès-à-présent comme pour lors les cassons, révoquons et annullons : déclarons par exprès que nous voulons que cettuy notre édit soit sûr, ferme et inviolable, gardé et observé tant par nos dits justiciers et officiers que sujets, sans s'arrêter ni avoir aucun égard à tout ce qui pourroit être contraire et dérogeant à iceluy... (1) »

Après avoir ainsi, en 1570, cassé les précédens édits pour proclamer un édit définitif, inviolable, Charles IX, deux ans après, et le lendemain de la St.-Barthélemi, dans une lettre au gouverneur de Bourgogne, mentionne encore l'édit de pacification, « lequel ie veux estre entretenu autant que jamais, ainsi que ie fais savoir par tous les endroits de mon Royaume. (2) »

Nous allons voir les amnisties de l'époque parlementaire : les amnisties proclamées spontanément par le roi, en présence du parlement, et celles qui sont discutées par ce dernier sur la proposition du souverain ; les amnisties imposées au roi par le parlement qui, bientôt, proclame des amnisties de sa propre autorité. Nous les verrons, enfin, redevenir l'objet de lois plus régulières, et d'ordonnances.

C'était encore une mesure libre et sans contrôle,

(1) Benoist, Histoire de l'édit de Nantes.
(2) Hist. de la Saint-Barthélemy. Paris, chez Urbain Canel, 1828.

que l'amnistie proclamée par Louis XIV, en 1651,
au moment de sa majorité (1).

Charles II, roi d'Angleterre, en promettant une
amnistie dans sa déclaration de Breda, s'était en-
gagé à suivre, dans l'exécution de cette mesure, les
conseils de son parlement ; les trois pouvoirs s'en-
tendirent donc sur un acte qui amnistia les offenses
commises contre le souverain ou contre des particuliers, mais qui établit aussi des exceptions,
entre autres contre tous ceux qui avaient été jugés
dans une haute cour de justice.

Ce débat parlementaire offrit de grands incon-

____

(1) *Le Recueil des Gazettes*, année 1652, décrit longuement les fêtes qui eurent lieu à cette majorité du roi, le 7
septembre 1651, et jusqu'au « concert des luths et des voix
harmonieuses qui endormirent ensuite le Roi, et produisi-
rent, en effet, à Sa Majesté, cette agréable *amnistie* et oubli
de toutes les choses passées, *commancez* par la promesse
qu'elle en avoit faite le matin, en présence de son parlement,
par sa bouche et celle de son chancelier. »

S'arrêtant aussi tant soit peu à la séance du parlement :

« Puis, ajoute *le Recueil*, le chancelier dist qu'on ouvrit
les portes et qu'on fit entrer le peuple ; et le sieur Guyet,
greffier de ce parlement, fit lecture des édits apportez par
le Roy contre les blasphèmes et les duels, et de la déclaration d'innocence du prince de Condé ; celle-ci portant, sui-
vant les conclusions des gens du Roy, que tous les avis qui
avoyent été donez que ce prince tramoit contre le service
du Roy des intelligences tant dedans que dehors le royaume
avec les ennemis, n'estoyent pas creus par Sa Majesté, laquelle au contraire les condamnoit comme faux et artifi-
cieusement supposez. »

véniens. «Dès que la question fut proposée, il se ma-
nifesta une étonnante diversité d'opinions. Chaque
membre avait quelque ami qu'il désirait soustraire
aux punitions, ou quelque ennemi sur lequel il
voulait les attirer. Des motifs d'intérêt ou de parenté,
d'amitié ou de vengeance, avaient plus de poids
que les mérites respectifs des personnes impliquées.
L'on établit des distinctions et l'on passa des résolutions auxquelles il eût été difficile d'assigner des
fondemens raisonnables.... Enfin, les communes
transmirent le bill à la chambre des lords; ceux-
ci se montrèrent animés d'un esprit plus vindica-
tif (1).» Viennent les transactions faites avec chaque
chambre, et les concessions faites à toutes deux,
pour parvenir, après une longue contestation, à
l'exécution de l'amnistie.

Au moment où le pays désirait la tranquillité, ces
débats, ces recherches sur les coupables, et les dé-
nonciations qui en furent la conséquence, contri-
buèrent à irriter les esprits. Les chambres, au lieu
d'un pardon général, prononcèrent aussi des peines
rigoureuses. Lord Manson, sir Henri Mildmay, et
Robert Wallop, furent attachés sur des claies et
traînés dans les rues, ayant la corde au cou, jusqu'à la potence, à Tyburn (2). Et, sans l'inter-
vention du roi, le parlement aurait continué à changer l'amnistie en supplices.

(1) Lingard, Histoire d'Angleterre, traduite par le baron
de Roujoux. Paris, 1829, t. XII, p. 14.
(2) *Ibid*, p. 41, etc.

C'était une bien dangereuse amnistie que celle imposée à Louis XVI, en 1791 (13 septembre), et présentée par le ministre de la justice à l'assemblée nationale. C'est toujours le roi qui accorde ou signe l'amnistie ; c'est encore l'assemblée qui s'empresse d'y adhérer mais, à peine la concession est-elle arrachée, qu'elle est suivie d'abus plus graves.

« Que ceux, dit avec confiance le message du roi ; que ceux que la crainte des persécutions et des troubles avait éloignés de leur patrie, soient certains de trouver, en y rentrant, la sûreté et la tranquillité. Et pour éteindre les haines, pour adoucir les maux qu'une grande révolution entraîne toujours à sa suite , *pour que la loi puisse d'aujourd'hui commencer à recevoir une pleine exécution*, consentons à l'oubli du passé (la partie gauche et les tribunes retentissent d'applaudissemens). Que les accusations et les poursuites qui n'ont pour principes que les événemens de la révolution , soient éteintes dans une *réconciliation générale*. »

L'assemblée répond par un message. Elle s'est empressée, dit-elle, de rendre un décret d'amnistie, qui *fixe le terme de la révolution*.

Le Roi répond au message de l'assemblée : «Je me ferai toujours un plaisir et un devoir, dit-il d'un ton satisfait, de suivre la volonté de la nation quand elle sera connue ; voilà ma femme et mes enfans qui partagent mes sentimens. »

Peu de temps après, le 18 octobre, un membre de l'assemblée fait adopter un décret, que le ministre de la guerre lui rendra compte, à la séance du lendemain, des raisons pour lesquelles la loi d'amnistie n'a point reçu son exécution *à l'égard de quatre soldats détenus pour cause d'indiscipline.* — Les dames de la Halle, averties de ce décret, demandent la permission de présenter leurs hommages à l'assemblée. — L'assemblée décide que les dames de la Halle seront admises.

Dès lors les amnisties pleuvent sur la France; amnistie en 1792, amnistie en 1793, toujours *pour fermer les plaies de la révolution.* Au nom de l'humanité, après des débats pleins de sentiment, et qui contrastent avec les événemens de l'époque, on amoncèle l'une sur l'autre, non pas des amnisties générales (car on excepte les émigrés, les contumaces), mais des amnisties enfin qui, toutes l'annoncent, doivent terminer la révolution.

En proposant à la Convention nationale une amnistie, au nom de la commission des onze, an IV, 2 brumaire, un orateur exprime ainsi ses sentimens :

« Qu'il en soit du pardon comme de la réforme; qu'il embrasse tout, puisqu'elle a tout attaqué. La maxime du législateur est que la loi doit être égale pour tous.

» Faut-il frapper des peines de la loi ceux qui n'étant pas comme vous infaillibles, n'ont pas pu se préserver de quelques écarts. Ah! si vous prononcez leur condamnation, c'est en vain que vous vous parez du dehors d'une fausse justice. Elle n'est qu'un masque imposteur , puisque vous portiez un cœur impitoyable ; et quand vous vous donnez pour exempts des imperfections de l'humanité, vous êtes dépourvus de l'une des vertus dont elle s'honore le plus , dès que vous ne savez point pardonner.

» Que la Convention aille prononcer son décret sur la place de la Révolution : que cette place porte aussitôt le nom de place de la Concorde, et qu'un décret conserve le nom de rue de la Révolution à celle qui conduit du boulevard sur la place.... Puissent les Français en conclure que la révolution était un passage qui devait les conduire à la concorde... »

Dans l'examen de l'amnistie proposée par le Directoire, an IV, 4 floréal, les débats du corps législatif portent un caractère plus positif, plus calme. Profitant de l'expérience, on commence à s'abstenir d'opinions aussi absolues, aussi paradoxales, et, avant de prendre une décision, on examine plus à fond les principes. Ceux qui s'élèvent contre l'amnistie, montrent à la fois de la prudence et de l'énergie. Ceux qui parlent en faveur de l'amnistie, font leurs réserves : ils n'entendent pas approuver le délit, le regarder comme non avenu ; ils n'entendent pas jeter une auréole sur l'amnistié, ils lui portent pitié, au contraire ; l'amnistie, disent-ils, enfin n'est autorisée que par l'intérêt de la société. Toutefois, après ces débats, on ne cesse point de transiger ; l'amnistie reste une concession : on amnistie ceux qu'il *faut* amnistier.

«Le mot d'amnistie, disait d'une manière fort sensée un membre du corps législatif, M. Siméon, le mot d'amnistie réveille des sentimens contraires, selon qu'on est disposé à l'indulgence ou à la sévérité.

» Celui que l'horreur du crime épouvante plus que la sévérité des châtimens infligés aux coupables, s'écrie que l'on va, par l'impunité, livrer les citoyens à de nouveaux désastres.

» Celui que le spectacle d'une révolution trop sanglante a fatigué, demande qu'on écarte ces prisons, ces jugemens, ces supplices; il s'étonne que l'on s'oppose à ce qu'il croit devoir opérer une réconciliation générale.» Mais en définitif, l'orateur a le courage de se prononcer contre l'amnistie, en proclamant que *l'amnistie, en détruisant la sanction des lois, menace l'ordre social.*

Parmi ceux qui prennent l'amnistie sous leur égide, un orateur expose qu'accorder une amnistie, « ce n'est pas approuver le délit qui en est l'objet; et ce serait une affreuse calomnie de prétendre que donner l'amnistie à un homme, c'est se rendre complice du crime.

» L'infraction de la loi livre le coupable aux remords de la conscience, à la honte publique, au mépris, et quelquefois à l'horreur de tous les citoyens armés de la loi, de la justice, de la morale ; nulle amnistie n'est capable de prévenir ou de faire cesser ces effets.

» Il vit : mais croyez-vous que sa vie soit exempte

de supplices? L'opinion publique cesse-t-elle de le poursuivre? L'opprobre s'éloigne-t-il de sa tête? Quelle existence conserve-t-on dans la société lorsqu'on y porte un nom abhorré? Quelles seront les jouissances d'un homme dont la fréquentation est un déshonneur, et les approches un sujet de confusion; qui ne peut paraître en public que voilé; chez lequel un regard assuré serait impudence, et qui ne parviendrait aux charges publiques que parce qu'il aurait trouvé des gens plus scélérats que lui-même?

» Le législateur qui, malgré l'horreur que le crime lui inspire, s'élève au-dessus de ce sentiment louable pour demeurer impassible lorsqu'il décerne une peine, s'établit dans la même situation quand il délibère sur la question de savoir s'il accordera une amnistie. Dans l'un et dans l'autre cas, il impose silence à ses autres pensées pour peser uniquement l'intérêt de la société. L'intérêt de la société lui aurait fait vouloir qu'on infligeât une punition; l'intérêt de la société la lui fait remettre ou suspendre. »

En étudiant ces amnisties, et les lois et ordonnances plus généralement connues qui, depuis cette époque, se sont succédé, on est frappé d'abord de la diversité infinie de ces mesures, de l'extension qu'elles ont prise selon les circonstances, de la pensée dans laquelle elles sont rédigées; on recherchera ensuite quel en a été le succès, jusqu'à quel point ce succès est dû à ces mesures, aux circonstances favorables ; mais, pour que les leçons de l'histoire puissent devenir d'un profit plus réel, il faudra chercher dans cette diversité de pensées, de mesures et de résultats, l'unité, le caractère principal qui pourra servir de règle.

Ce sont des amnisties d'un prince, ou d'un peuple ; ce sont des volontés souveraines, ou des transactions, des traités, des résolutions prises de concert avec un parlement ; ce sont des mesures proclamées avant, pendant, après une guerre ; à l'avènement d'un nouveau régime ou plus tard ; à l'occasion d'une fête, d'une victoire, à toute occasion ;

Ce sont des amnisties accordées aux délits contre les souverains, contre l'état, ou même contre des particuliers ; l'une exclut les fugitifs, les contumaces ; l'autre est plus générale, ou permet aux fugitifs de rentrer, s'ils n'aiment mieux rester à l'étranger ; l'une refuse aux amnistiés les droits civils, les charges publiques que l'autre leur accorde ; telle amnistie attache à l'amnistié autant de honte qu'au criminel écarté de la société ;

Ce sont des amnisties bien réellement exécutées, et d'autres plus illusoires ; des amnisties faites par exception, ou dont l'une suit rapidement l'autre ;

Mais toutes, quelle qu'en soit l'origine ou l'étendue, toutes ces amnisties sont *spontanées* ou *imposées*, des conséquences de la générosité ou de la faiblesse. C'est là que réside leur caractère principal.

Toute amnistie se dira bonne et utile : la plus

dangereuse amnistie parlera de conciliation; celle qui prépare le plus d'abus, invoquera l'intérêt de la société. Mais les plus belles paroles, les paroles les plus sentimentales n'ajouteront pas au mérite de ces amnisties imposées, arrachées. Un moment elles peuvent offrir une apparence de succès , pour menacer bientôt l'ordre social.

D'autre part, lorsqu'une amnistie est volontaire, sans la moindre contrainte ; lorsqu'elle atteint un but conciliateur, au lieu d'en parler; quand la conciliation a fait des progrès déjà, quand il y aurait abus dans la rigueur plus que dans la clémence; quand ni le succès, ni même l'insuccès de la mesure ne peut compromettre l'avenir : une telle amnistie est approuvée par l'histoire autant que par les principes.

Une amnistie obligée sera toujours dangereuse, qu'elle soit générale ou incomplète; ce n'est pas par les exceptions que la révolution française a pu mitiger l'effet de ses amnisties.

Mais on a vu que des amnisties volontaires, même au milieu d'un danger apparent, pouvaient devenir utiles, lorsqu'il était bien constaté qu'elles étaient volontaires , le résultat de la clémence et non de la faiblesse.

Lorsque l'amnistie est obligée, peu importe si c'est par le peuple ou le parlement. En flattant la vanité parlementaire, elle nuit non-seulement au pouvoir, mais à ceux qui sont l'objet de l'amnistie; elle empêche le repos public qu'elle doit atteindre.

Mais lorsqu'elle est spontanément accordée en temps opportun, elle rentre dans le domaine des graces en général, des graces dont on ne dispute pas l'emploi au pouvoir.

Dans tout pays, chaque année, des individus condamnés pour crimes non politiques, sont graciés ou voient leurs peines commuées. Les hommes d'état qui recommandent ces graces, qui en prennent la responsabilité, ne sauraient soutenir qu'en politique, et toujours, l'amnistie est inadmissible.

AMNISTIE DU 8 MAI 1837.

«Depuis long-temps l'amnistie était dans le cœur
du Roi. Le pardon s'était placé sur ses lèvres au
milieu même de nos discordes civiles; mais le Roi
a toujours souhaité que sa clémence fût libre ; la
raison d'état devait enchaîner ses désirs.

» Une amnistie, durant ces jours sinistres, eût
compromis la dignité du trône, la sûreté du pays
et la responsabilité du gouvernement. Les factions
l'auraient acceptée comme un acte de faiblesse ; le
crime en aurait triomphé.

» C'est donc une politique sage et nationale qui a
inspiré les ministres de la couronne, depuis plusieurs années, dans les douloureuses entraves qu'ils
ont dû imposer à la clémence du Roi. Cette politique était nécessaire; et plus elle a exigé de courage
chez ceux qui l'ont maintenue, plus le pays leur
doit d'éloges.

» Mais les circonstances ont changé... » (1)

(1) *Charte de* 1830 *et Moniteur.*

C'est en ces termes que le gouvernement, rendant justice au Roi et aux précédens ministres, demandait justice lui-même en faveur de l'amnistie qu'il venait de proclamer.

« L'amnistie était dans le cœur du Roi. » Le Roi n'y avait point renoncé aux jours dangereux, lorsque les attaques contre le principe du gouvernement, et d'horribles attentats, dictaient au minis-tère les lois de septembre. Le Roi, facile au pardon, aurait accueilli *la moindre apparence de repentir;* mais les conseillers de la couronne pensaient et proclamaient hautement que la clémence devait être le prix du repentir et de la soumission. Ils pensaient que ni la politique, ni la justice, ne commandaient, à eux, chargés de sauver la révolution de juillet, de jeter le pardon à la tête de personnes qui le repoussaient. Recourant à des lois efficaces, plutôt qu'à une générosité dont l'effet n'était point certain; portant ces lois à la chambre, et montrant au grand jour les dangers du pays : « Voulez-vous, s'écriaient-ils, voulez-vous que ce spectacle continue? Voulez-vous que la société continue d'être mise à cette épreuve? Vous en êtes les maîtres, nous subirons votre décision sans murmures; mais ne nous demandez rien de plus : gouverne qui l'osera à de pareilles conditions; entreprenne qui l'osera de s'embarquer sur l'ouragan et de diriger les tempêtes (1). »

(1) M. de Broglie, discours du 24 août 1835.

Les ministres qui, à cette époque, conseillaient la résistance, avaient foi dans le succès de leur politique. Ils prévoyaient que les périls s'éloigneraient ; « avec le péril, » disaient-ils, « le souvenir du péril passera. » — « Si nous y réussissons, » s'écriait le chef du cabinet ; « si nous y réussissons, Messieurs, et je l'espère, nous y réussirons, grace à votre sagesse, advienne ensuite de nous ce que pourra. Savez-vous ce que nous aurons fait : nous aurons préparé, hâté l'avènement de nos successeurs. Soit, nous en acceptons l'augure avec joie, nous en embrassons avidement l'espérance. »

Ils prévoyaient qu'à la politique de résistance, provoquée par les attaques, succéderait une politique généreuse, facilitée par le repentir des adversaires ou par l'état calme du pays ; mais ils ne pouvaient anticiper sur l'avenir. Au lieu de marchander et de transiger avec les partis, au lieu de gouverner par des concessions et des caresses ; au lieu de risquer, aux applaudissemens des partis, de précipiter le pays dans l'abîme, ils opposaient l'énergie au danger réel et à celui qu'on devait encore supposer ; et ils croyaient le pays comme la chambre, assez mûrs pour apprécier les motifs, comme la portée des nouvelles lois. « Gouverner, c'est observer ce qui est. Gouverner, c'est prévoir ce qui sera. Gouverner, c'est savoir agir, quand le moment est venu (1). »

Le moment est venu, répond l'ordonnance d'am-

(1) M. de Broglie, même discours.

nistie; le moment est venu, non de changer absolument la politique, ni de révoquer des lois encore utiles, mais de modifier la politique selon les circonstances plus favorables que vous aviez vousmême prévues. Car, « les circonstances ont changé. Ce qui eût semblé naguère une concession imprudente de la faiblesse et un désaveu des principes suivis depuis sept ans, sera regardé aujourd'hui, par les gens sensés et de bonne foi, comme un acte de force émané de la victoire, et comme la conséquence la plus naturelle et la plus glorieuse de la politique qui a sauvé le pays. » Car l'ordre est affermi et le gouvernement a confiance dans l'avenir (1).

Tel était l'état successif du pays, selon les ministres qui gouvernaient en 1835, puis selon les publications officielles du cabinet actuel; publications précédées d'un mûr examen et de différends qui, après avoir pu contribuer à la modification d'un ministère, s'étaient perpétués encore, à ce qu'il paraît, au sein du ministère modifié.

On assure, en effet, que le ministère Molé, mieux d'accord sur d'autres questions sans doute, ne l'était guère au sujet de l'amnistie. Les ministres de la guerre, de la marine, du commerce, auraient insisté sur une fermeté absolue; les ministres de l'intérieur, de la justice, des finances, auraient re-

(2) *Charte de 1880.* — Rapport au roi, *Moniteur* du 9 mai.
— Circulaire du garde-des-sceaux, *Moniteur* du 10 mai.

commandé une générosité avec réserves ; MM. Molé
et Salvandy, enfin, se seraient prononcés pour une
générosité qui, sans exclure la fermeté du pouvoir,
formerait la base et le drapeau du gouvernement.
Si ces faits sont constans, il faut que les raisons in-
voquées par M. Molé aient été bien puissantes, il
faut aussi que M. Molé comprenne bien l'ascendant
dû au chef d'un cabinet, puisque seul ou à l'aide
d'un seul collègue, il a su l'emporter sur les scrupules des autres ministres.

La première question, qui devait nécessairement
occuper le cabinet et former la base de sa décision,
était celle-ci : La patrie est-elle en danger, et doit-
on publier une amnistie, même une amnistie obligée, imposée ? Ou bien, le danger n'existe-t-il point,
et sera-ce bien réellement une amnistie volontaire,
purement généreuse ? Le rapport au roi, la circulaire, toutes les publications officielles, répondent
à cette question : Non, la patrie n'était point en
danger.

Il a fallu nécessairement examiner ensuite, à
quelles conditions l'amnistie serait accordée, et
quelle serait l'étendue de la mesure. D'après la version la plus accréditée, l'un des principaux membres du précédent cabinet voulait accorder des graces individuelles, dans le cas où les condamnés de-
manderaient ces graces (1). M. Molé conseillait une
amnistie plus large et sans des conditions aussi dif-

____

(1) *Revue des Deux-Mondes.*

ficiles. D'après une version également publiée, sur cent soixante-neuf condamnés détenus (1), trente-neuf n'avaient pas fait preuve de soumission. Quant à la circulaire ministérielle, d'abord elle dit, en général, que « le crime se repent » ; ensuite elle ajoute qu'on n'a pas voulu attendre que le repentir s'élevât du fond des prisons au trône, et qu'on a mieux aimé le supposer. Enfin, d'après des renseignemens particuliers, et qui paraissent exacts, aucun des amnistiés n'aurait lui-même expressément demandé sa grace.

Tout d'abord, dit-on aussi, l'amnistie avait été conçue comme devant être générale, et tous les contumaces y avaient été compris. L'ordonnance, à ce qu'on assure, avait été rédigée dans ce sens, et elle était même à l'imprimerie du *Moniteur*, lorsque sur des scrupules qui leur sont venus à l'esprit, deux ministres, on ne sait lesquels, se sont rendus chez M. Molé, et de là aux Tuileries, où un nouveau conseil aurait été tenu vers deux heures du matin (2). Les contumaces ne sont pas compris dan : l'ordonnance.

Quant au moment choisi pour l'amnistie, et abstraction faite des circonstances générales qui semblaient autoriser la mesure, on a choisi le moment du mariage de M. le duc d'Orléans qui, autant que le roi, avait insisté sur l'opportunité de la mesure

(1) *Presse* du 10 mai.
(2) *Ibid.*

et, sur l'avis expressément énoncé du roi, l'amnistie devait suivre une revue de la garde nationale, et
non la précéder; les acclamations de la garde nationale ne devaient point être provoquées; la garde
nationale ayant gardé son habituelle réserve, l'amnistie n'avait pas même l'air d'une concession.

Reste à savoir quels nouveaux devoirs cette mesure imposait au gouvernement; il fut décidé de
fortifier sur tous les points la surveillance et l'ac-
tion de l'autorité.

Le 9 mai, enfin, l'ordonnance du roi, précédée
d'un rapport du garde-des-sceaux, proclama l'amnistie.

« Article 1er. Amnistie est accordée à tous les
individus actuellement détenus dans les prisons
de l'état, par suite de condamnations prononcées
pour crimes et délits politiques.

« Toutefois, la mise en surveillance est maintenue à l'égard des condamnés à des peines afflicti-
ves ou infamantes, ainsi qu'à l'égard de ceux qui
y ont été assujétis par jugement.

» Art. 2. La peine prononcée par la cour des
pairs contre les nommés Victor Boireau et François
Meunier est commuée en celle de dix ans de ban-
nissement.

« Fait aux Tuileries, le 8 mai 1837. »

Les journaux aussitôt de s'emparer de la mesure:
« On a éclairci, s'écrie l'un, l'horizon politique qui
commençait à se rembrunir sérieusement. » — « Ce

qui nous étonne, dit l'autre, ce sont d'abord les termes du rapport qui proclame l'ordre affermi. »

« Par là le ministère, dit un journal, se sépare de la politique doctrinaire, il la condamne, la réprouve pour l'avenir. » — « Le ministère, s'écrie une autre feuille, détruit sans hésiter le fruit de sept années de luttes, de justice, de courage. Tout n'est pas fini, tout recommence, au contraire. Tout recommence, parce que depuis près de deux ans le pouvoir est de plus en plus faible... Le bienfait de votre peureuse amnistie sera bientôt oublié..... C'était faire une concession de plus. »

« Ce qui nous étonne encore, ajoute une feuille, c'est l'ambiguité de l'ordonnance qui laisse en dehors des dispositions de l'amnistie le plus grand nombre des condamnations politiques, les contumaces, les fugitifs, les Vendéens, les Vendéens surtout. » — Ce qui étonne plutôt une autre feuille, c'est que « les évadés de Doullens et de Sainte-Pélagie, les accusés d'avril qui ne se sont pas présentés au jugement de la chambre des pairs, continueront à subir le supplice de l'exil. » — « Mais les contumaces sont exclus, répond un journal, parce qu'il ne peut y avoir grace avant jugement. »

Voilà comment, au moment de l'amnistie, la situation du pays était jugée par le ministère, et la situation du ministère par le pays ou par la presse; mais ces déclarations officielles que nous venons de lire, et les jugemens portés sur ces déclarations,

ne sont après tout que des thèses contradictoires ,
qu'on a oublié d'appuyer sur des faits.

On supposait ces faits connus, présens à la mé-
moire de chacun; mais il faut rechercher dans la va-
riété des faits, ceux qui sont essentiels ; il faut grouper
les détails pour qu'ils sautent aux yeux comme des
chiffres; il faut laisser à chacun son opinion et voir
quelle est la nôtre.

Il faut examiner, histoire et pièces en main,
quelle était la situation du pays; et, pour recon-
naître une situation, il faut la comparer avec la
situation précédente; il faut nous abstenir de juger
une mesure d'après le nombre, ou l'influence, ou
les éloquentes paroles des hommes d'état qui la
défendent ou l'appuient. Dussent vingt hommes
d'état, et des collègues même de M. Molé, réprouver
l'avis de ce ministre, nous devons partager son avis
s'il est appuyé sur de bonnes raisons.

Au moment de l'amnistie l'ordre était-il raffermi ou non? Tout était-il fini, ou tout à recom-
mencer ? Quand on pose ces questions d'une manière si absolue, il ne faut pas être surpris que
chacun les résolve à son gré. Demandons si l'ordre
était plus raffermi, beaucoup plus raffermi qu'à
telle époque précédente. Demandons si le pays se
trouvait dans les circonstances où l'amnistie, selon
les promesses des hommes d'état qui en différaient
l'application et la regardaient encore comme im-
possible, devenait possible et utile.

De fait, j'espère que tout le monde en conviendra, le désordre ne forme plus la règle en France, mais l'exception. De fait, les lois de septembre, si elles sont encore nécessaires, le sont plutôt pour empêcher le retour de délits trop nombreux, que pour réprimer de trop nombreux délits commis actuellement. Ceux même qui pensent que la France doit, dans les premières quarante années, remplir une mission d'ordre pour contrebalancer quarante ans de révolutions, ne proposeraient pas aujourd'hui des lois qui, autant que les lois de septembre, ajouteraient à la sévérité de la législation précédente, ou bien s'ils proposaient ces lois, le pays s'en étonnerait.

De fait, l'ouragan, si terrible encore en 1834, s'est appaisé aussi vite, plus vite peut-être qu'on n'avait osé prévoir. Nous avons vu des insurrections qui menaçaient le roi, la cité et le pays; puis des complots fort chanceux encore, mais qui ne menaçaient plus l'avenir de la dynastie; nous avons vu, enfin, la singulière échauffourée de Strasbourg.

Nous avons assisté au retentissant procès de la cour des pairs, où des prévenus nombreux, comptant sur un plus nombreux parti, prenaient l'attitude, non de la défense contre l'accusation, mais de puissance contre puissance. Nous avons assisté aux débats longs encore, mais moins dangereux, où des prévenus, isolés, se défendaient, sans que leur défense trouvât trop de retentissement dans le pays. Vinrent enfin des procès plus ou moins essentiels : qu'il y eût eu condamnation, ou même acquittement , le pays songea à ses affaires plus qu'aux procès.

De fait , les délits politiques ont diminué.

En 1835, la cour des pairs à jugé 209 prévenus, dont 194 ont été condamnés ; la cour d'assises a jugé 75 prévenus, dont 23 ont été acquittés;

En 1836 , cinq principaux prévenus ont paru devant la cour des pairs, quatre ont été condamnés à la peine capitale ; 50 ont paru devant la cour d'assises , 27 ont été acquités;

En 1837, 3 prévenus devant la cour des pairs, dont 2 acquittés ; 11 prévenus sont traduits devant le jury de Strasbourg et sont acquittés ; 5 paraissant devant le jury de Paris, sont acquittés; sur 7, devant le conseil de guerre, 5 sont condamnés.

En 1835 et 1836, le gouvernement ne diminue pas sa fermeté ; mais les motifs de poursuites deviennent d'un an à l'autre moins nombreux.

Dans le cours de l'année actuelle , nous voyons juger des attentats qui forment le pâle reflet d'attentats précédens ; des délits militaires, genre plus nouveau , sont sévèrement punis. Le fait le plus caractéristique de l'année , ce sont les acquittemens par les cours d'assises.

Dirons-nous que la voix du peuple est, à tout égard, la voix de Dieu ? Dirons-nous que le gouvernement, en graciant le prince Louis sans gracier les co-accusés , a provoqué l'acquittement de ces

derniers? Non certes. Le gouvernement, en graciant le prince, a usé d'un droit sans contrôle ; il
a voulu gracier, et la constitution l'y autorisait.
Malgré cette grace, la cour d'assises de Strasbourg,
en prononçant le verdict et l'arrêt selon la conscience et la loi, aurait pu condamner les co-accusés.

Mais ces verdicts de Strasbourg, de Paris, con-
tiennent une leçon importante. Quand l'état se
trouvait en danger, quand ce danger menaçait les
citoyens comme le trône, le jury s'était montré
moins indulgent. Aux jours les plus critiques,
quand on pouvait craindre la victoire et le ressen-
timent des adversaires, le jury leur opposait des
verdicts impassibles, sans crainte comme sans co-
lère. L'indulgence a succédé, depuis que le jury
ne voit plus l'état en danger.

Ces verdicts du jury, devaient-ils contribuer
à modifier la politique du gouvernement, devaient-ils imposer la concession d'une amnistie ? Non certes. Mais ce qui semble former la
base de ces verdicts, la pensée sur l'état devenu
moins critique du pays, pouvait, à juste titre, influer sur la décision du gouvernement. Le jury, le
peuple ne voyait plus en noir le tableau du pays.
Le gouvernement non plus.

Un gouvernement qui a peur, ne peut jamais
faire une bonne amnistie. Un gouvernement qui
craindrait toujours le danger que l'amnistie, comme

exemple , comme exception à la loi, pourrait offrir à l'avenir ; un tel gouvernement ne voudra jamais se résoudre à l'amnistie. Ces craintes étaient toujours étrangères au Roi ; ces craintes étaient étrangères aussi à ses anciens ministres lorsque, tout en proposant les lois de septembre , ils faisaient entrevoir que, le danger écarté, on l'oublierait.

Au moment où le peuple ne voit plus le danger, et qu'il est dans l'intérêt du gouvernement de nourrir la confiance publique ; au moment où la situation intérieure se dessine beaucoup mieux, serait-ce la situation de l'Europe qui pourrait enhardir en France le désordre ? Mais la guerre est aussi loin de nous que l'anarchie, et l'agitation a diminué en Europe à mesure qu'en France le calme s'est rétabli. En proclamant une amnistie , on montrait à l'étranger que la France était assez calme , assez pacifiée, pour que l'étranger ne dût plus redouter de voir se propager, chez lui, une agitation provenant de la France. En proclamant une amnistie , on montrait de la confiance dans l'état de l'Europe.

AMNISTIE SANS DEMANDE EN GRACE. — SURVEILLANCE. — CONTUMACES ET FUGITIFS.

En réfléchissant sur les faits que nous venons d'exposer, on conviendra qu'au moment de l'amnistie l'horizon n'était guère rembruni ni sur la frontière, ni à l'intérieur de la France ; on en conviendra, à moins de préférer un système à des faits, à moins d'accorder à des détails plus d'importance qu'à l'ensemble. La situation européenne ne s'opposait point à l'amnistie française, et les grandes puissances voisines, après avoir accordé elles-mêmes des amnisties, auraient eu mauvaise grace de se plaindre, ou d'avoir peur d'une semblable mesure prise en France, L'horizon n'était pas, non plus, rembruni à l'intérieur. La tournure des événemens, pendant les derniers temps, ne s'opposait pas à l'amnistie ; le temps présent

la rendait possible, et on n'avait pas de motif
de craindre l'avenir. C'était une mesure bien entendue, opportune, généreuse.

Toutefois ne devait-on pas attendre que les détenus eussent bien nettement demandé leur grace,
manifesté leur repentir ? D'anciens ministres, à
une autre époque il est vrai, avaient insisté sur cette
condition ; le cabinet actuel, au contraire, décla-
rait supposer en eux des sentimens qu'une fausse
honte, peut-être, avait empêché d'éclater. Entre
ces deux opinions, il y a quelque difficulté de
choisir ; quand une mesure de cette importance
est proclamée en face du pays, quand la générosité ne doit pas même avoir l'air d'une concession
ni pour les partis ni pour les amnistiés, on peut
se demander si, comme à l'occasion des graces
ordinaires, un recours en grace ne doit pas précéder l'amnistie. On peut examiner, certes, si pour
le moins il n'y a pas apparence de repentir.

Mais de deux choses l'une : si ce recours en grace
n'a pas eu lieu, si cette apparence a tardé de se
manifester, le gouvernement ne pouvait manquer
de moyens, je suppose, d'examiner, jusqu'au
fond des prisons, le caractère et les intentions des
détenus. La surveillance qu'il déclare employer
après leur mise en liberté, il pouvait, il devait
l'employer même avant cette époque. Et il est possible que le gouvernement, par suite d'un tel examen, ait cru sinon au repentir des détenus, au
moins à leur intention de ne pas rentrer dans une

politique offensive ; intention qui continuerait à être contrôlée par la surveillance.

Ou bien si le gouvernement, après un tel examen ou sans recherche de ce genre, ne croyait pas encore au repentir des détenus, ni à leur intention de s'abstenir de la politique offensive , encore pouvait-il essayer d'atteindre, par la générosité, ce repentir que la punition n'aurait pas amené, et cette renonciation à des actes dont il ne redoutait pas le retour.

Ou bien, enfin, si parmi les détenus 39 seulement ne demandaient pas la grace, ou ne manifestaient pas de repentir, encore le gouvernement pouvait accorder à tous l'amnistie. Dans un autre pays, en Suède, le roi actuel ne pouvant guère, d'après les procédés habituels , accorder la grace à un homme qui ne la demandait pas, qui la refusait, eut recours à un moyen qui obtint le succès le plus mérité : il proclama une amnistie générale (1). En France aussi, d'après les procédés ordinaires, des graces ne pouvaient être accordées sans demandes ; mais l'amnistie du moins, en France comme partout, pouvait remédier à cette difficulté secondaire,

Secondaire, car il ne s'agissait que d'une question de forme. Un gouvernement qui craindrait 39 individus qui n'abjureraient pas leur hostilité ; un

(1) *Le Portfolio* de Londres , traduction française, chez Truchy, à Paris, n⁰ˢ 40 et 41, p. 375.

gouvernement qui craindrait 39 individus qu'il peut, et qu'il déclare surveiller à l'avenir, un tel gouvernement devrait plutôt n'accorder aucune amnistie.

Quant à la surveillance, le gouvernement s'est exprimé avec netteté, avec une extrême franchise, dans l'ordonnance même comme dans la circulaire du garde-des-sceaux : « la surveillance de la haute police est maintenue à l'égard de ceux qui y ont été assujétis par jugement ou arrêt. Elle aura lieu également à l'égard de tout individu condamné à une peine afflictive ou infamante. Le condamné avant de jouir du bienfait de l'amnistie et d'être mis en liberté, devra préalablement en exécution de l'art. 44 du code pénal, avoir déclaré le lieu où il veut fixer sa résidence, et avoir reçu sa feuille de route. » On voit que le gouvernement, en manifestant une clémence qu'il croyait opportune, prenait aussi, en faveur de l'ordre, des garanties qu'il croyait encore indispensables. On voit que les publications du gouvernement, comme la législation française en général, avouent hautement le principe et l'application de la surveillance.

On demandera peut-être si cette surveillance appliquée à des hommes qui, pour le même délit, étaient condamnés à la prison et à la surveillance, et qui, par l'amnistie, sont délivrés de l'une de ces peines sans être délivrés de l'autre; on demandera si cette surveillance n'affaiblit pas, ne détruit pas, dans les amnistiés, le bon effet que l'amnistie, en général, pourrait exercer sur eux. Qu'est-ce que la surveillance? Est-ce une direction toute morale qu'on imprime à l'amnistié? Serait-ce une inspection tracassière qui l'empêcherait de faire un pas, sans se voir ou se croire surveillé? Si c'est une direction morale (et elle doit l'être), la législation ne peut-elle s'abstenir de s'en vanter. Et l'amélioration du surveillé n'aura-t-elle pas un plus haut prix, s'il n'est pas d'avance averti de la direction qui doit lui montrer la bonne voie? Mais si c'était, non pas à notre époque assurément, une surveillance tracassière, ce serait grave, ce serait inhumain; une pareille surveillance irriterait au lieu de calmer; elle ferait hésiter celui-même qui voudrait cordialement marcher dans la bonne voie.

La surveillance peut être nécessaire; un gouvernement peut être réduit à l'employer; une loi dans un pays où le gouvernement lui-même se conforme à la loi, peut être réduite à avouer hautement la surveillance. Mais il est méritoire, dans tous les cas, d'abréger autant que possible la durée de cette surveillance nécessaire. La presse a complété le bienfait du gouvernement, et l'opposition a rivalisé avec la générosité de l'administration, en proclamant que, pour tous les infortunés qui sortent des prisons, il faut du travail, il faut la possibilité d'une existence régulière, honorable. (1)

____

(1) *National* du 12 mai, où se trouve la lettre de trois

Un point capital reste à examiner.

« L'ordonnance d'amnistie, » dit la circulaire ministérielle, « s'étend aux individus actellement détenus. Ces termes vous indiquent que les *contumaces* n'y sont pas compris, non plus que les individus *qui se sont soustraits par la fuite aux condamnations par eux encourues.*»

Pourquoi ces exceptions ? — Parce que la grace, disent les uns, ne peut précéder le jugement, — Parce que le gouvernement, répondent d'autres, craignait de paraître trop faire en amnistiant tous. — Parce que le gouvernement, répliquent d'autres enfin, ne savait si, parmi les contumaces, parmi les fugitifs, il n'y en avait pas qu'on ne saurait amnistier sans inconvénient.

La grace doit précéder le jugement! Mais parmi ceux qui sont exceptés de l'amnistie, il en est qui sont jugés, condamnés, ou qui se sont même trouvés en prison. Si, pour tous ou pour une partie d'entre eux, il fallait de nouveaux jugemens, il faudrait rouvrir la cour des pairs et les prisons ; il faudrait les rouvrir pour des délits qu'on voudrait oublier ; il faudrait amener les inconvéniens qu'on écarterait volontiers. Si les personnes ne sont toutes jugées, toute la cause est jugée. Liberté pour les uns, poursuite contre les autres : le partage serait sans équité. Et que veut-on attendre ? Quel est le

membres de l'opposition en faveur d'une souscription pour les amnistiés.

dernier but? Le repentir apparemment, ou la soumission, ou la tranquillité. Pour y conduire les uns, après avoir déployé la force, on a eu recours à la clémence; mais ceux qui se sont enfuis, qui ont enduré depuis une malheureuse existence, n'ont-ils pas autant et plus éprouvé, reconnu la force du gouvernement et de la loi, que ceux qui ont bravé, devant les tribunaux mêmes, la force de la loi, et qui ne sont entrés en prison que contraints par la force matérielle.

Le gouvernement, dit-on, ne sait s'il peut amnistier sans inconvénient, *tous* les contumaces, tous les fugitifs. Mais le même scrupule existait pour les détenus, et on a fini par l'écarter. Le gouvernement, dit-on, ne sait s'il doit amnistier les chefs, les instigateurs! Mais parmi les détenus aussi, à côté des délinquans secondaires, il devait y avoir des chefs. Il est vrai qu'en fouillant dans l'histoire, on trouvera des ordonnances qui, amnistiant les séditieux en masse, exceptaient de la grace les instigateurs (1); mais une foule de précédens montrent que, pour en finir, on a même commencé par admettre en grace les principaux adversaires. Quand on amnistie, on ne demande plus seulement comment les adversaires ont agi jusqu'à présent; on recherche ce qu'ils semblent vouloir faire à l'avenir. Une fois qu'il proclame une vraie amnistie, un gouvernement, pour en exclure

(1) Voyez l'ordonnance du 11 mai 1775.

tel ancien adversaire, doit être bien convaincu , par ses renseignemens, que l'adversaire est décidé à continuer son hostilité.

Le gouvernement, dit-on, craint de paraître faire trop ! Ces craintes seraient motivées sans doute si, d'après des renseignemens très réels, il y avait de puissans motifs d'excepter de l'amnistie un certain nombre. Mais si on fait des exceptions en masse , des exceptions contre ceux qui n'ont pas commis de délit plus grave que d'autres ; si on fait des exceptions contre ceux qui, entendant prononcer un pardon , rentrent avec confiance dans le pays pour avoir leur part de ce pardon, tandis que des détenu s, comme on paraît en convenir, n'ont ni demandé ni accepté le pardon , mais sont sortis de la prison parce que le gouvernement l'a bien voulu ; si on fait des exceptions pareilles, pourquoi alors faire une amnistie ? Ce n'est pas par les exceptions à l'amnistie, nous l'avons vu, nous l'avons prouvé ; ce n'est pas par les exceptions que la révolution de 1789, dans ses dangereuses amnisties , a pu écarter le danger. Mais quand le danger n'existe pas ; qnand l'amnistie n'est pas imposée, mais volontaire , généreuse, ce n'est pas alors l'amnistie qu'il faut réprouver ; ce sont les exceptions, chaque fois qu'elles ne seraient pas indispensables, qui peuvent offrir des inconvéniens.

Le moment est donc venu de compléter, autant que possible, tout-à-fait si rien d'essentiel ne s'y oppose, l'amnistie toute volontaire, toute généreuse, de mai 1837. Salué par les acclamations du pays , et resté sans abus dans le pays comme parmi les amnistiés mêmes , cet acte de clémence exercera, dans une prochaine et importante occasion, l'impression et l'effet qu'il méritait. L'étranger a mêlé ses acclamations à celles de la France : dans la Grande-Bretagne , en Belgique , cette décision de la dynastie de juillet a été accueillie avec enthousiasme ; ailleurs, plus d'une voix a rendu justice à une mesure qui , en ouvrant l'ère d'une politique de générosité, de confiance, offre aussi des garanties pour l'ordre. Quels scrupules s'éleveraient encore contre l'extension de l'amnistie? Loin d'être dictée par la faiblesse , elle démontrerait, à la France comme à l'étranger, que la dynastie de juillet n'a plus qu'à suivre ses primitives inspirations; qu'il ne faut plus s'abandonner à la force seule pour exister, pour gouverner, pour réussir.

Si le gouvernement entre dans cette voie, c'est alors qu'on pourra dire que le gouvernement, après avoir plus combattu qu'aucun autre, après avoir montré de la force quand il le fallait, aura fini par *tout pardonner* (1). On pourra dire alors que le gouvernement, après avoir, selon les vrais principes de la politique , observé les dangers, agi pour les écarter, et pardonné quand le péril n'existait plus , aura préparé, consolidé, accompli tout

_____

(1) Rapport au roi, *Moniteur* du 9 mai.

ce qu'il faut à un gouvernement pour marcher, pour réussir.

Car, gouverner, c'est observer ce qui est. Gouverner, c'est prévoir ce qui sera. Gouverner, c'est savoir agir quand le moment est venu...

Gouverner, c'est marcher, c'est réussir.

IMPRIMERIE D'ÉD. PROUX ET COMP., 3, RUE NEUVE-DES-BONS ENFANS.